INDEMNITÉ

DE SAINT-DOMINGUE,

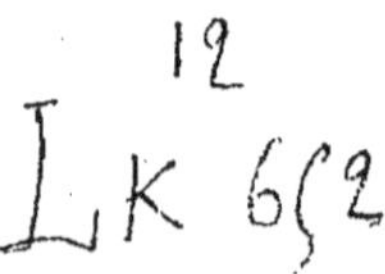

Quand il est question de bienfait, celui qui doit en éprouver les douceurs ne peut se dispenser d'en comparer les effets avec la position où il se trouve, seul moyen d'apprécier le reméde qui va guérir ses maux.

Une indemnité de 150 millions pour les anciens colons de Saint-Domingue est-elle un bienfait ?

Telle est la question qui agite tant d'imaginations affaiblies par le malheur et par le souvenir d'une fortune qu'on n'a jamais calculée.

Saint-Domingue dans les temps primitifs était la proie de la rapine.

La conquête qu'en firent les rois de France fut le berceau de sa prospérité.

Cette époque comparée avec celle de son tombeau, prouve évidemment que cette colonie n'a existé que par les bienfaits du souverain.

Aussi jamais application plus exacte : « Ma faveur fait ta » gloire et ton pouvoir en vient. »

Cependant cette main qui fut toujours l'appui des habitans de Saint-Domingue ne les a pas abandonnés, puisqu'elle vient à leur secours.

Les premiers propriétaires furent des donataires. Ce titre s'est perpétué jusqu'aux derniers.

Qui pourra méconnaître la munificence de ce don, qui a produit de si grandes fortunes à l'aide d'une protection constante.

Pour apprécier la quotité de ce bienfait qui doit être considéré au-dessus de toute attente. Il faut examiner, et les produits de Saint-Domingue dans sa splendeur et le nombre des élus,

Ce qui est éloigné et facile à multiplier : aussi ne craindrait-on pas de dire que la valeur foncière de l'Europe ne balancerait pas une année de revenus de Saint-Domingue. Au point qu'on dit franchement 8oo mille livres de rente pour 8oo milliers de sucre et 5oo mille livres de rente pour 5oo milliers de café. Le calcul n'est pas plus modeste pour les têtes de nègres. Le nombre en est toujours multiplié considérablement, ainsi que l'étendue du territoire dont on porterait volontiers les limites jusqu'au Tropique.

Cependant il existe des bases incontestables à l'aide desquelles on peut se fixer sur la vérité, pour prendre un point invariable.

Les divers états représentent une exportation de 126 à 135 millions tournois : Moreau de St.-Mery porte les produits annuels de la colonie à 15o millions. Les produits et les exportations offrent des résultats divers, les uns pour la consommation intérieure et les autres pour celle extérieure ; mais encore tous ces résultats sont bruts.

Heureux le cultivateur si ceux qui sont transportés en France ne le sont pas pour son compte. On peut juger combien ils diminueraient par les frais de transports, commissions, avaries, etc. Lorsqu'on peut se convaincre par des exemples malheureusement trop multipliés, qne le propriétaire qui était réduit à exporter pour son compte, perdait quelquefois, non seulement la totalité de son envoi, mais encore était tributaire de son consignataire. Aussi évitait-on de se livrer à ces spéculations onéreuses pour les abandonner au commerce.

Ce serait donc un bien beau lot que d'avoir, net, la moitié du revenu. Et l'homme sage qui savait faire des réserves pour les cas fortuits, conviendra que jamais la propriété la plus favorisée n'a produit net la moitié du revenu brut.

Qu'on juge alors des propriétés qui étaient sujettes à une infinité d'accidens qu'il fallait réparer et qui absorbaient les revenus de plusieurs récoltes.

Qu'on demande à un propriétaire, qui peu de temps avant les désastres, a remplacé trois cents nègres, femmes, enfans, payés comptant neuf cent mille livres (quoiqu'ils fussent la queue d'un négrier). Si cette année et les suivantes il a joui de son revenu ?

Quel revenu ont fait les propriétaires qui étaient en France lorsqu'il sont retournés sur leurs propriétés à la paix de 1783 et ceux de la Savane-Longue après l'incendie du 16 mars 1788?

Quel était le revenu net de ces propriétaires qui ne faisaient pas cent livres de revenus bruts par tête de nègres ?

Tant d'autres malheurs qu'on pourrait citer à l'infini.

On se récrie Saint-Domingue n'avait donc pas de revenus et cependant les grandes fortunes sont le témoignage de ses richesses ?

Il est incontestable que cette colonie a produit de grands revenus, puisque dans le temps que l'indigo n'y valait que trois livres huit sous , on y a vu éclore de brillantes fortunes ; mais alors la prodigalité n'y avait pas débarqué et l'économie avait présidé à ces fortunes qui étaient le résultat de plusieurs récoltes accumulées , dont les frais se bornaient à des terres possédées directement par donation ou achetées à vil prix, à l'achat de quelques nègres qu'on avait pour mille livres , dont le travail était récompensé par le produit de terres neuves et fécondes, lorsqu'en 1789 le prix en avait centuplé et celui des accessoires triplés.

Dans les premiers temps le cultivateur était à la tête de ses ateliers , dont il partageait les travaux. La plupart était composée d'engagés de 36 mois, dont la perte ne compromettait pas sa fortune.

L'usage des nègres qui de tout temps avait été un accessoire dispendieux , n'offrait pas alors des pertes aussi considérables qu'en 1789, puisque la population et le prix étaient moindres. Plus cette population a augmenté , plus la perte a été sensible et multipliée.

Pour s'en convaincre , qu'on calcule la masse énorme des nègres importés depuis 1505 à 1789 , les naissances progressives qui auraient dû au moins la doubler , on verra par la population réelle qui était de 452 mille esclaves environ (dont un tiers au plus créoles) que les importations et les naissances ont à peine produit 150 mille individus à l'aide du mélange des blancs, c'est-à-dire un sauvé sur quarante perdus.

On verra la quotité des trésors ddissipés en pure perte , sans parler des autres dépenses pour l'existence de cette population perdue.

D'ailleurs ce qui prouve que ces frais étaient onéreux, c'est l'augmentation étonnante du prix des denrées ; et ce qui prouve la perte ruineuse de ces accessoires, c'est le peu de fécondité (ou pour mieux dire la stérilité) du nègre bossal et du nègre créole. L'éloquence la plus brillante ne prouvera jamais qu'avec *un* on paye *quarante*.

Quoique cet usage fut vicieux, il était réel, il fut introduit sans calcul, souffert sans qu'on trouvât le remède pour s'en affranchir. Il n'en faut pas moins déduire la perte sur les revenus, si sensible qu'elle soit : elle peut être évaluée puisque dans les dernières années l'importation était de trente mille nègres par an, sur des points depuis long-temps pourvus de forces suffisantes, qui servaient à remplacer en majeure partie les mortalités.

Qu'on ne fasse donc pas un pompeux étalage de ce nombre d'esclaves, puisque plus on l'augmenté plus on présente de pertes et de dépenses.

Il faut donc considérer Saint-Domingue sous son véritable point. Riche par ses produits sagement placés.

Le cultivateur qui était à la tête de sa propriété et qui avait net cent mille livres de rente, égalait le plus riche propriétaire de France, parce qu'il était défrayé par sa propriété de toutes sa dépense, si fastueuse qu'elle fut, sans toucher à son revenu. Voilà la véritable richesse de cette colonie. Mais s'il abandonnait les lieux il perdait tous ces avantages et ne jouissait que de cent mille livres de rente.

Accorder à cette colonie un revenu net de 60 millions tournois sur les exportations, c'est établir une juste balance, qui présente au commerce des avantages incalculables, pour ses importations. Ce qui offre en outre un revirement immense et continuel, une circulation de plus de trois cents millions tournois, sans parler du commerce intérieur et de tous les avantages dont elle était susceptible.

Mais il ne faut s'occuper que du sol dont la perte peut être fixée et évaluée justement. C'est alors qu'on appréciera le bienfait qui vient trouver les naufragés dans la plus profonde indigence et s'offrir à eux comme une nouvelle fortune plus considérable et plus durable que l'ancienne, puisqu'à l'école du malheur ils ont du apprendre que les biens sans la sagesse,

5

sont inférieurs à la chaumière , et que l'on est opulent avec.
une honnête médiocrité lorsque cette vertu y préside.

On prétend qu'on doit calculer ,

58 millions pour les Sucreries.
50 id. id. Cafeyères.
10 id. id. Cotonneries.
20 id. id. Indigoteries.
5 id. id. Propriétés urbaines.
7 id. id. Boni.

150 millions en total.

C'est le cas de dire chacun fait la part à sa convenance sans
réfléchir qu'il existe d'autres prétendans que le roi et la loi ont
voulu impérativement admettre au bienfait.

Tel que soit ce calcul qu'on parte de ce point.

Si on porte le prix des sucres blancs à 440 fr., le millier et
celui des bruts à 250 fr., le terme moyen sera de 345 fr., ainsi

livres de sucre.
58 millions divisés par 345 présentent en nature 168,116,000
livres de café.
50 id. id. 750 id. 66,666,666
livres de coton.
10 id. id. 1360 id. 7,353,000
livres d'indigo.
20 id. id. 6600 id. 3,030,000

Ces résultats , sauf celui des indigos , ne diffèrent pas de beaucoup des calculs ordinaires ; mais le produit des indigos y est
plus que triplé, néanmoins en suivant ce point de départ , sauf
l'article des indigos réduit à un tiers , on a le droit de dire

Carreaux.
168,116 milliers sucre ont dû être produits par..... 33,623
(en supposant 5 milliers par carreau pour terme moyen.)

66,666 milliers café ont dû être produits par...... 44,444
(en supposant 1500 liv. idem.)

7,353 id. coton par 14,706
(idem 500 livres.)

1,000 id. indigo par 10,000
(idem 100 livres.)

Total. 102,773

Ainsi sur une superficie de 1,998,367 carreaux , ce calcul indemnise 102,773 carreaux, en sorte que s'il y avait 800 mille carreaux possédés, utiles à une infinité de besoins, sans lesquels les quatre classes ne peuvent pas avouer leur existence , ou même en réserver pour être destinés un jour à de grands avantages : le calcul raye 697,227 carreaux pour en favoriser 102,773

Jamais les expropriations de la colonie n'ont produit 58 millions tournois pour les sucres , encore moins 50 millions pour les cafés , etc. etc.

Ces produits eussent-ils existés , qu'ils ne seraient point rentrés dans les mains du cultivateur, et ils n'eussent jamais réprésenté son revenu net.

Indemniser une propriété c'est apprécier chaque point selon sa valeur. On va voir si ce calcul a atteint ce but.

58 millions répartis sur les 33,623 carreaux qui ont produit les 168,116 milliers sucre paient chaque carreau................... 26,875 livres.

50   id.   44,447 qui ont produit les 66,666 milliers café paient chaque carreau......... 16,875   id.

10   id.   sur les 14,706 carreaux qui ont produit les 7,353 milliers coton , paient chaque carreau............... 10,200   id.

20   id.   sur 30,300 carreaux pour produire 3,030 milliers d'indigo paieraient chaque carreau.................... 9,900   id.

Voila des carreaux plantés en cannes , cafiers , cotonniers , portés à un prix inconnu dans la colonie , sans nulle concordance avec les dépenses absorbant 140 millions tournois , c'est-à-dire deux cent vingt-cinq millions argent de Saint-Domingue représentant à cinq pour cent un capital de quatre milliards cinq cents millions; jamais ces quatre classes de cultivateurs n'ont présenté sur ce capital celui de trois milliards sept cent quatre-vingt millions , auquel on porterait par ce calcul la valeur de leurs propriétés.

On dira que les capitaux rapportaient à Saint-Domingue dix pour cent. La question serait de savoir dans quelle branche, et si ce taux était annuel?

On y citait comme extraordinaire une seule habitation produisant 9 à 10 p. 0[°.

Moreau de Saint-Méry, tome 1er, page 231, cite cet heureux succès en ces termes :

« L'habitation Macnemara, au quartier Morin, produit, dé-
» duction faite de la part attribuée au mobilier, sur le pied de
» 9 à 10 pour cent, par an, pour le fond. »

Cet énoncé ne présente rien d'étonnant. En supposant que la déduction faite pour la part attribuée au mobilier l'ait été exactement, il reste pour le fond l'intérêt du capital de la terre nue à 4,000 liv. le carreau dont les 9 à 10 p. °[o présenteraient 360 à 400 liv. de revenu par carreau.

Mais comme dans toutes les colonies on ne cite que des revenus bruts, la question est de savoir si le calcul fait sur cette habitation présente un revenu net. Tel qu'il soit il est cité comme extraordinaire, ce qui prouve que ce taux n'est pas règle générale.

Cependant 150 millions offrent par rapport à la superficie totale plus de 75 fr. par carreau, ainsi ce dernier terme semble ne pouvoir être refusé à celui qui ne pourrait justifier, prétendre à un meilleur sort.

Comme cette superficie ne peut être réclamée en totalité il doit s'en suivre qu'on trouvera un maximum pour les propriétés de 1re classe et un terme moyen pour les autres.

On porte généralement les produits en sucre blanc ou terré à 70,227,708 livres en nature, les bruts à 93,177,512 livres. En ajoutant une moitié en sus aux produits des sucres terrés, pour représenter la quantité des sucres bruts dont ils proviennent, on trouvera 105,341,562 livres lesquels réunis aux 93,177,512 livres donnent un total de 198,459,074 livres sucre brut.

					Sucre.
34,000 car. en cannes (au lieu de 33,623) à 6 milliers par carreau ont dû produire					204,000,000
			terme moyen.		
47,000 id.	caflier	id.	44,444 à 1500 livres	id.	70,500,000
16,000 id.	coton	id.	14,706 à 500 id.	id.	8,000,000
10,000 id.	indigo	id.	30,300 à 100 id.	id.	1,000,000

107 mille carreaux.

Ces produits sont plus considérables que ceux annoncés par M. Barbé Marbois. Ils le seraient bien davantage si on accordait à la terre la fécondité que plusieurs prétendent qu'elle a. On ne peut donc révoquer en doute que 107 mille carreaux ont été suffisans pour produire les grandes récoltes. Il n'est donc plus question que de les estimer, fonciers et accessoires compris.

TABLEAU D'INDEMNITÉ.

		Argent Saint-Domingue.	Argent de France.
34,000 carr. en cannes à	16,500 liv. 10°	1,100 f.	37,400,000 f.
47,000 cafiers à	12,000	800	37,600,000
16,000 cotonniers à	8,250	550	8,800,000
10,000 indigos à	8,250	550	5,500,000
52,000 vivres à	2,250	150	7,800,000
10,000 savanes à	1,500	100	1,000,000
631,000 bois, carrières, etc	1,125	75	47,325,000
800,000 carreaux			145,425,000 f.
Boni			4,575,000
			150,000,000 f.

(Voir à la fin la répartition par classes.)

Les 204 millions sucre à 250 f. le millier présentent un produit brut de . . . . 51,000,000 f.

Net, déduction faite de moitié, 25,000,000 f. ils sont payés 37,40000,000 f.

Les 70 millions café à 750 f. le millier, présentent un produit brut de 52,500,000

Net id. id. 26,250,000 f. ils sont payés 37,600,000.

Les 8 millions cotons à 1360 f. le millier présentent un produit brut de 10,880,000

9

Net id.   id.   5,440,000 f. ils sont
     payés 8,800,000 f.

Le million d'indigo à 6,600 f. le millier présente
     un produit brut de........... 6,600,000

Net id.   id.   3,300,000 f. il est
     payé 5,500,000 f.

Il faudrait méconnaître la vérité pour prétendre que ce tableau approximatif ne donne pas avantageusement le 10ᵉ de la valeur de ces sortes de propriétés et plus que le 10ᵉ de la colonie par rapport au nombre des élus, qui n'offrent pas le quart du territoire.

Les intérêts des 150 millions indemnisant les propriétés urbaines, il est inutile de s'en occuper ici.

Si ce tableau ne donne pas une juste répartition pour chaque individu, il en donne au moins une, non seulement pour la colonie, mais encore pour chaque genre de culture dont la valeur est favorisée au suprême degré.

Ce tableau appliqué à chaque paroisse et ensuite à chaque canton, suivant les localités, peut encore offrir une diminution pour quelques-uns et une augmentation pour d'autres, sans toucher à la masse.

Une approximation plus rapprochée du cultivateur peut servir d'exemple, en supposant une sucrerie de terme moyen, savoir :

105 carreaux
  67 carreaux terre nue à 4,000 liv. pour mettre en cannes.......... 268,000 liv.
  38 id. id. pour vivres, savanes, jardins, enclos, terrains de bâtimens, etc. 152,000

250 nègres, femmes, enfans à 3,000 750,000
Bâtimens, ustensiles, animaux, etc................ 500,000

                1,670,000

Dans cet établissement supposé, tous les prix sont forcés

néanmoins le prix du carreau de terre , accessoires compris , n'atteint pas 16 mille livres par carreau.

Qu'on suppose que cette propriété eut rapporté 420 milliers sucre brut, à 250 fr. le millier, elle offrirait un 10ᵉ de 105,000 f., mais en équité il faut déduire un tiers pour les frais, sans parler de ce qu'on doit déduire pour les cas fortuits , elle n'aurait donc droit qu'à 70,000 f.

D'aprés le tableau d'indemnité , elle aurait 67 carreaux à 1,100 f. et 38 à 150 f. , ce qui donnerait une indemnité de 79,400 f.

Prétendre que cette réduction d'un tiers est exagérée, autant dire que la culture ne coûtait que l'achat des nègres. Cela serait-il encore ? Quel est le propriétaire d'un atelier de 250 nègres , qui, s'il récapitulait les mortalités remplacées , ne trouverait pas le fardeau bien lourd. ?

Mais si on veut éviter cette récapitulation , parce qu'on a toujours fermé les yeux dessus, quoique la perte en fut bien vive, on ne peut éviter d'entendre énumérer les frais journaliers.

Outre les carreaux en réserve pour les vivres ; quand on en manquait , il fallait en acheter à grand prix , en outre des vivres de France, tels que pois , fèves , haricots , morue , salaison, etc.

Avoir des toiles pour couvrir l'atelier, des hôpitaux et des médicamens.

Remplacer les mortalités des nègres , celles des animaux qui se multipliaient par les empoisonnemens, outre les maladies.

Lorsque pour les préserver de ces fleaux on les accoutumait au gros sirop, cette dépense était considérable, puisqu'en 1819, sur une habitation au Vauclain , île Martinique , elle s'élevait pour cent mulets , à vingt-cinq mille livres par an , encore ne réussissait-on pas toujours à en sauver 70 chaque année : ils valaient 7 et 800 fr. pièce.

Ce fait prouve que tout ce que la terre donne est compté pour rien et qu'on n'en connait le prix que lorsqu'il faut payer.

Toutes ces dépenses ne sont qu'une portion des frais. Il est facile de se faire une idée de tant d'autres que nécessite ce genre de fabrication et un atelier entièrement à la charge du propriétaire.

Voilà l'année heureuse et courante.

Mais les accidens extraordinaires, les grandes maladies, les grandes mortalités, les déficits de récoltes, les maux causés par le feu du Ciel, les sécheresses, les inondations, les ouragans, les tremblemens de terre, etc.

Si le propriétaire est en France, qu'on lui fasse des remises avec ses denrées, il faut payer un cinquième et quelquefois plus pour le fret. En outre l'embarquement, les droits de sortie de 6 p. 100, les assurances qui varient de 3 à 32 p. 100 et même plus, selon le temps de paix ou de guerre. Le débarquement, les droits du domaine à 3 p. 100, le magasinage, l'entrée et sortie du magasin, rabatage, pésage, droit de poids, trait, tare, à 12 1/2 p. 100, avaries de droit, suivant les réglemens de 2 p. 100, port de lettres, commission de 2 p. 100 au *minimum*, les intérêts de 6 p. 100 par an de ces avances, qui courent du jour de l'arrivée, jusqu'au paiement définitif qui présentent un terme au moins de six mois et quelquefois plus d'un an, enfin les avaries pour les cas fortuits.

Heureux, mille fois heureux s'il n'éprouve rien de plus, c'est-à-dire, s'il n'est pas débiteur envers le consignataire.

Cependant on ne peut nier qu'il revenait légitimement au commerce au moins 33 p. 100, sauf les cas fortuits.

Après avoir satisfait à tout, ce cultivateur dira-t-il que 420 milliers de sucre lui donnent 420 mille livres de rente, ne doit-il pas se trouver bien favorisé d'avoir, net, 70 mille livres tournois, et l'on doit réellement dire 50, lorsqu'il est constant que généralement les anciens livres des négocians d'Europe présentaient des produits nets pour les sucres bruts et terrés de 100 à 200 *livres tournois le millier*, dans les cas heureux, et qu'ils ne présentent que des pertes au moindre accident. Cependant le cultivateur faisait assurer au taux de 600 livres tournois la barrique de sucre brut, et de mille livres celle de sucre blanc, pesant 1500 à 1800 livres.

Voici des faits contre lesquels il n'y a point de réplique.

Il est cependant un hommage à rendre à la vérité, c'est qu'il n'est pas un colon, si exagéré qu'il soit dans ses espérances, qui ne s'y rende franchement lorsqu'on la lui présente et qui ne convienne que les richesses de cette colonie passaient entre les mains du commerce , car il n'était pas dans l'esprit créole de thésauriser.

Cet exposé est corroboré par les bases qui ont établi la quotité de l'indemnité , qui admettent que *la moitié des produits était absorbée par les frais de culture et autres charges de la propriété*.

Ainsi , si cette moitié est admise dans le résultat de la recette (qui est l'indemnité), elle doit l'être dans celui de la dépense (qui est la répartition), par conséquent un colon qui justifierait de 420 milliers sucre brut , doit recevoir primitivement pour dixième (sauf le boni) 52,500 francs et non pas 105,000 fr.

Personne ne peut se trouver lezé de ce mode d'opérer , puisqu'il a servi de base à l'ordonnance royale et à la loi.

Dans la crainte qu'on se récrie sur ces dépenses , on peut faire un faible exposé de quelques-unes pour avoir une idée plus certaine des autres.

Sur un atelier de 250 nègres , il y en a toujours un quart absorbé par les vieillards, les infirmes , les enfans, les malades, les femmes enceintes ou nourrices , les gardeurs de barrières , de hattes ; etc. , enfin les domestiques ; tous ces gens là dépensent et ne rapportent rien.

Cependant cet atelier présente un capital de 750,000 liv. dont il faut porter en dépense l'intérêt à 5 p. 100.

On aurait le droit de porter les mortalités à 15 p. 100. Des exemples prouvent des mortalités de plus de moitié et quelquefois la totalité sur les nouveaux débarqués , par l'influence du climat ou des maladies qui leur sont propres , sans y comprendre les ravages de la petite vérole et tant d'autres accidens.

Tous ces genres de mortalité sont communs aux bossals et aux créoles , et l'on peut s'en convaincre lorsque l'on considère la faible population d'esclaves nés dans la colonie. Ainsi en supposant un heureux succès , qu'on réduise à 5 p. 100 la mortalité des esclaves, qu'il faut porter en dépense.

Qu'on réduise à la plus faible valeur la dépense journalière de cet atelier :

1° Vivres de France, vêtemens , médicamens , dépense de l'hôpital, entretien de leurs logemens à 5 sous par jour , argent

de la colonie.......................... 22,812 liv.
  2° Abonnement d'un chirurgien 4,000
  3° Droits de capitation à 3 liv. par tête........ 750
  4° Droits curiaux...................... 600
  5° Honoraires du gérant (mémoire)..........
  6° Honoraires d'un économe............... 2000
  7° Abonnement de divers maîtres ouvriers ,
     frais de leur nourriture ainsi que celle du
     gérant et de l'économe (mémoire)........
  8° 5 p. 100 du capital de l'atelier............ 37,500
  9° 5 p. % de mortalité présentant 12 nègres à
3000 liv. par tête 36,000
  10° Frais de nègres, marons et épaves (mémoire).
  11° 5 p. % pour l'intérêt de 20 carreaux de terre,
pour leurs vivres et jardins, portés au prix d'instal-
lation à 4,000 liv. le carreau................... 4,000
  12° 5 p. % pour l'intérêt du prix de 25 cases
pour le coût de construction et celui du terrain à
600 liv. par case........................ 750

108,412

  13° Le minimum des trois articles de mémoire. 15,000

123,412

Qu'on ajoute à ce total les autres frais d'exploitation et cas
fortuits on se convaincra si le cultivateur qui a net une moitié,
ne doit pas s'estimer heureux.

Quoique les dépenses soient annuelles jamais le cultivateur
n'en parle et beaucoup les rayent, parce qu'ils prétendent qu'il
n'y a que les nègres paresseux qui soient à charge à leur maître.
Qu'il leur est accordé un jour par semaine pour travailler leur
jardin Il y en a qui en accordent un et demi, d'autres deux, outre les dimanches et fêtes.

Si la terre appartient au maître, c'est donc à ses dépens que
le nègre se nourrit : en outre, en perdant au moins 55 journées
par an , à 3 liv. par tête de nègre il dépense 41,250 liv. qui ex-
cède de beaucoup celle de la nourriture de 5 sous par jour por-
tée dans le tableau.

Il y a plus , c'est que le nègre qu'on qualifie non paresseux , c'est-à-dire intelligent , ne travaille pas son jardin , il trafique ou vole , et le maître paie les vols quand ils sont découverts et les frais de châtimens qu'on lui inflige. Le jardin reste inculte, le capital est mort. C'est le maître qui porte le fardeau sans en calculer les frais.

Ainsi au minimum voila une dépense de 123,412 liv. pour 250 nègres, sur lesquels on a 188 travaillans, hommes, femmes, enfans pendant 305 jours , qui ne présentent pas 90 nègres de journées à 3 liv. dont la dépense serait de 82,350 liv. sans aucune responsabilité.

Fut-elle égale ? la préférence est évidente.

Jamais les engagés de 36 mois n'ont présentés de semblables dépenses , ni de si faibles travaux. le Midi de l'Europe n'offre rien de semblable. Mais ce serait sortir de la question que de démontrer l'existence du vice et du remède qui lui est applicable. Il faut rentrer dans la véritable qui est la dépense.

Le sort des autres genres de culture n'est pas différent que celui-ci , ils ont aussi leur côté faible. Il ne faut pas s'imaginer que par un privilège spécial , la présence des richesses y ait banni l'indigence ; puisqu'en 1788 on proposa de former en l'honneur de Declieux , une maison d'éducation pour recevoir 50 orphelins *et préférablement des habitans cafiers dans l'indigence ,* depuis l'âge de sept jusqu'à 13 ans , et qu'un monument placé devant cette maison, enseignant, *La Reconnaissance,* cette vertu si rare.

(Description de Saint-Domingue par Moreau de Saint-Méry , tome 1ᵉʳ , page 169.)

Ce ne sont donc pas , seulement , les produits de Saint-Domingue qui prouvent sa richesse , mais la présence passagère des fléaux qui l'attaquent et la désolent, dont elle est toujours victorieuse pour offrir au commerce de nouveaux débouchés , et au sol un surcroit de fécondité.

Tel que soit leur empire le propriétaire prudent les maitrise et par ses combinaisons il répare , en peu de temps , les pertes les plus onéreuses et sans cesse il recrée au même instant ce qui a été détruit.

S'il en était ainsi, sous quel ciel une propriété ne serait-elle pas anéantie pour toujours ?

Le tableau d'indemnité offre donc généreusement au-delà du 10ᵉ de la valeur de la propriété en 1789.

De combien ce 10ᵉ ne va-t-il pas être augmenté par la réduction du nombre des anciens propriétaires.

Le premier et le plus riche de tous, *Le Souverain,* a fait abandon de ses propriétés et a renoncé à ses droits sur les vacances.

La loi a écarté ceux qui sont en possession.

Voilà deux dons bien éminens et une circonstance qui augmentent l'indemnité du 10ᵉ de la valeur , déjà plus que payée par le tableau d'indemnité. Tout doit faire espérer que ce 10ᵉ peut représenter un cinquième.

Car si on réduit à moitié le revenu de 30 millions pour obtenir le revenu de 15 millions de cette colonie en 1823. On doit aussi réduire à moitié le revenu de 1789, de 125, 135 à 150 millions.

En admettant ce dernier produit des importations en France, il ne resterait net , déduction faite de moitié , que 75 millions.

Mais dans les 150 millions bruts ou les 75 millions nets, les sucres , les cafés , les cotons , les indigos importés en France n'y sont pas pour la totalité de ce produit.

La colonie en représentait encore dans le même genre qui fournissent à la consommation intérieure.

Elle présentait en outre des cultivateurs d'autres genres de culture qui fournissaient aux besoins de tous et qui exportaient.

Cela est si vrai que s'il n'y avait que les propriétaires de ces denrées importées en France à indemniser , 60 millions suffiraient pour en opérer le dixième.

Quel est celui qui ne bénira cette main bienfaisante , lorsqu'après des malheurs frappés par une puissance invisible qui châtie à son gré les faibles mortels. La valeur de ces propriétés était revenue à son état primitif.

Quel est celui qui n'eut pas accepté le plus faible dédommagement n'ayant pour jouir de la fécondité du sol, que des désirs impuissans , pour y répandre des capitaux. Des sueurs froides pour l'arroser et des bras glacés par l'âge pour l'exploiter. Sans parler des discussions éternelles et ruineuses pour reconnaître des limites oubliées de beaucoup.

Circonstance qui aurait ravi tout espoir de bonheur.

On ne peut donc disconvenir que pour Saint-Domingue,

privé du secours de la Métropole, 150 millions sont un bienfait, que les accorder c'est créer à des naufragés de nouvelles fortunes.

Le tableau d'indemnité en offre au-dessus de toute attente, en faisant une répartition sur chaque genre de culture, relativement au sol et au plus ou moins de produits.

Comme par exemple en formant trois classes et en accordant aux plus productives ce qu'on doit légitimement diminuer à celles qui le sont moins. En opérant ainsi il serait difficile de ne pas établir une juste balance, contre laquelle nul n'aurait le droit de se récrier.

Quoique ce tableau présente des produits au-dessus de ceux énoncés par M. Barbé Marbois; peut-être objectera-t-on qu'en 1790 et suivant, il y a des exemples que certains propriétaires ont eu des récoltes infiniment supérieures à celles qu'ils avaient l'habitude de faire. Cela est possible, et quand bien même la preuve existerait, elle ne servirait à rien?

Le législateur a parlé d'une manière trop claire, pour laisser à cet égard la moindre ambiguité.

Ce n'est pas de la valeur antérieure ni postérieure à 1789 dont il est question : c'est de la valeur même de 1789. En adoptant pour seule et unique base *la valeur commune des propriétés à cette époque.*

Certes, rien n'est plus clair ni plus précis. Ces expressions dispensent de dire comment on apprécie en tout pays la valeur commune des propriétés.

La perte générale est celle de 1789, c'est-à-dire, l'époque de sa plus grande prospérité, où l'ordre a cessé. Comme il n'est point de prospérité sans ordre ; lorsqu'il est troublé, tout l'est. Plus de richesses, plus de repos, plus d'existence. Ce qui réussit pour quelques-uns dans la calamité, devient chance et hazard ; ainsi on a le droit de dire à ceux qui s'y sont livrés, au péril de leur vie, qu'ils n'ont rien perdu s'ils l'ont sauvée

D'ailleurs la loi a parlé, tout est muet.

Mais le cœur ne peut pas l'être.

Taire l'émotion dont il doit être rempli, serait une calamité plus grande que la perte de Saint-Domingue. On peut dire avec vérité que les créoles de cette colonie ont toujours fait consister leur bonheur dans leur amour, leur respect, leur soumission envers le monarque, pour preuve de la reconnaissance bien sentie de sa protection constante.

Aussi l'ont-ils manifestée par une préférence à abandonner leurs richesses plutôt que de se séparer de la Métropole.

Ce sacrifice n'a pas été sans récompense, car il serait difficile d'oublier les secours répandus sur leurs malheurs, et la France qui n'y a jamais été insensible, en a donné un témoignage bien éclatant, en sanctionnant les bienfaits du souverain.

La commission nommée par le roi est revêtue des pouvoirs les plus illimités. Jamais hommes ne furent appelés à des fonctions plus honorables puisqu'il est question d'apprécier la perte des naufragés que le rsi veut consoler.

L'art. 6 de la loi du 30 avril 1826, ne lui ayan timposé d'autre obligation que *celle d'apprécier les biens suivant leur consistance à l'époque de la perte d'après la valeur commune des propriétés en 1789.* Elle a le droit, pour trouver cette valeur, de réunir tous les documens propres aux localités, sans en adopter aucun par préférence.

En droit, on pourrait dire que jusqu'à ce que la liquidation soit entièrement terminée, la commission a le pouvoir de reviser les liquidations partielles, afin de répartir le boni suivant les renseignemens qu'elle a pu obtenir depuis, c'est-à-dire, augmenter ou diminuer la quotité, pour mettre l'indemnité en concordance avec la perte.

Quel est le colon qui ne rougirait pas de jouir d'une erreur au détriment de son compagnon d'infortune et qui ne rougirait davantage de profaner un bienfait que le roi et la France ne lui ont pas accordé ?

L'indemnité est destinée à la propriété, ainsi jusqu'à ce que toutes les portions soient indemnisées, la liquidation n'est pas parfaite. En fait, elle ne le sera qu'à l'épuisement des 150 millions, qui représentent en masse l'indemnité de la colonie et non pas celle des propriétés particulières, car outre ces propriétés, le souverain avait celles qui lui étaient propres, celles des vacances en faisaient encore partie, de même que celles encore possédées et celles non réclamées. Ce sont des faits contre lesquels on ne peut s'élever sans méconnaître la bonté paternelle.

Si ce bienfait ne ressortait pas dans toute son étendue, le colon n'aurait pas droit au boni, comme il ne serait pas sujet

à réduction au marc le franc, mais aussi il n'auroit droit qu'au dixième de la juste valeur, déduction faite de moitié pour frais, aux termes des principes bien fondés qui ont servi de bases à la loi.

Car le boni se compose :

1° Des propriétés données par le roi ;

2° De celles données par S. A. R. Monseigneur le duc d'Orléans ;

3° De celles des vacances ;

4° De celles possédées ;

5° De celles non réclamées, dont le dixième doit ressortir comme celui de celles réclamées.

Il ne peut en être autrement parce que le donateur a le droit de connaître la quotité de ce qu'il a donné ; et pour la connaître il faut que la liquidation de ce don figure dans la répartition, comme si le don n'avait eu lieu, puisqu'il consiste dans le résultat abandonné par ces augustes donateurs.

Si la commission n'avait pas le droit incontestable de révision, elle n'aurait pas le droit d'accorder le *maximum* de la quotité dont elle aurait acquis la preuve, après un premier examen et elle serait réduite à des regrets bien amers de consacrer la quotité qui serait l'effet de l'erreur, il en résulterait dans la répartition du boni, que l'un ne recevrait peut-être pas en total le dixième de la perte, tandis que l'autre en recevrait la moitié et même plus.

En principe rien n'est soumis à l'erreur, et les jugemens passés en force de chose jugée en sont affranchis.

Il y a donc lieu d'espérer, que depuis qu'il est question de Saint-Domingue, la commission a eu tant de renseignemens divers et tant de moyens de contrôle, qu'elle a pu, dans sa sagesse, peser le fort et le faible, et trouver par ses lumières la véritable quotité perdue que ne présentent pas des revenus bruts, que jalouse de réaliser le vœu le plus cher à son cœur, une juste balance sera le terme de la liquidation de Saint-Domingue.

Un colon.

TABLEAU D'INDEMNITÉ

TERME MOYEN, FONCIER ET ACCESSOIRES COMPRIS.

			Argent de Saint-Domingue.		Argent de France.	
34,000	carreaux	en cannes à	16,500 liv.'	10es 11,000 f.	37,400,000 f.
47,000	id.	cafiers	12,000	id. 800	37,600,000
16,000	id.	cotonniers	8,250	id. 550	8,800,000
10,000	id.	indigotiers	8,250	id. 550	5,500,000
52,000	id.	vivres	2,250	id. 150	7,800,000
10,000	id.	savanes	1,500	id. 100	1,000,000
631,000	id.	bois, carr., etc.	1,125	id. 75	47,325,000

800,000	carreaux.			145,425,000 f.
		Boni.,...	4,575,000 f.
		Total de l'indemnité.....	150,000,000 f.

Répartition en trois classes.

			Arg. de France.			Arg. de St-Doming.	
Sucreries	1re classe	10e	1,400 fr.	le carreau	21,000 liv.	le carr.
id.	2e	id,	1,100 fr.	id.	16,500	id.
id.	3e	id.	800 fr.	id.	12,000	id.
Cafeyères	1re classe	10e	1,050 fr.	le carreau	15,750 liv.	le carr.
id.	2e	id.	800 fr.	id.	12,000	id.
id.	3e	id.	550 fr.	id.	8,250	id.
Cotonneries	1re classe	10e	700 fr.	le carreau	10,500 liv.	le carr.
id.	2e	id.	550 fr.	id.	8,250	id.
id.	3e	id.	400 fr.	id.	6,000	id.
Indigoteries	1re classe	10e	700 fr.	le carreau	10,500 liv.	le carr.
id.	2e	id.	550 fr.	id.	8,250	id.
id.	3e	id.	400 fr.	id.	6,000	id.

| Vivres | 1re classe 10^e | 200 fr. le carreau | 3,000 liv. le carr. |

Vivres   1re classe 10e   200 fr. le carreau   3,000 liv. le carr.
id.   2e   id.   100 fr.   id.   1,500   id.

Savanes   1re classe 10e   100 fr. le carreau   1,500 liv. le carr.

Nota. Une seule classe attendu que les savanes inférieures se trouvent comprises dans les 631,000 carr.

Bois de bouts   1re classe 10e   100 fr. le carreau   1,500 liv. le carr.
id.   2e   id.   75 fr.   id.   1,125   id.
id.   3e   id.   50 fr.   id.   750   id.

Dans cette dernière classe sont compris les savanes inférieures, les carrières, enclos, etc.

Liquidation d'une habitation au Boucassin, paroisse Saint-Pierre de l'Arcahayet.

L'inventaire de la sucrerie s'élève à la date du 23 décembre 1793, époque du décès du propriétaire, qui était sur les lieux, à 1,072,070 liv. 12 s. 6 d. argent de Saint-Domingue.

64 Carreaux.
> Elle avait 48 carreaux en cultrre estimés à 10,000 liv. le carreau.
> 16 carreaux en savanes estimés à 2,000 fr. le carr.

164 Nègres.
> 88 Nègres estimés ensemble 196,470 liv.
> 67 Négresses   id.   132,965 liv.
> 5 Nègres   id.   12,800 liv.
> 4 Nègres en traitemens id.   9,500 liv.

Premier mode de liquidation.

Sur inventaire. . . . . 1,072,070 liv. 12 s. 6 d.

Argent de France. . . . . 714,713 liv. 15 s.

10e . . . . 71,471 fr. 37 c.

Deuxième mode.

164 nègres à 4150 fr. roulant en blanc. . . . . 680,600 f.

10e . . . . 68,060 f.

Troisième mode.

Sur les 48 carreaux en culture il en avait 40 carreaux plantés en cannes et rejettons, les huit autres en vivres.

40 carreaux en cannes et rejettons supposent au plus haut un revenu brut de 240 milliers sucre blanc à 6 milliers par carreau.

240 milliers sucre blanc à 440 fr. le millier.......... 105,600 f.

Déduction de moitié pour frais y compris ceux d'importation.. 52,800 f.

Une cafeyère dépendante de la même succession dont l'inventaire s'élève à 254,058 liv. 15 s. argent de Saint-Domingue.

214 carreaux.	Elle avait 4 carreaux estimés 11,000 livr. le carreau.
	210 carreaux en savannes et bois debout, estimés ensemble 63,000 liv.
47 nègres.	31 nègres estimés ensemble 75,700 liv.
	18 négresses *id.* *id.* 42,100 liv,
	Récolte 16 milliers café d'après l'inventaire

Premier mode de liquidation.

Sur inventaire	254,058 liv.	15 s.
Argent de France	169,372	15
10e	16,937 fr.	25 c.

Deuxième mode.

49 nègres à 325 fr. au 10e   15,925 fr.

Troisième mode.

16 milliers café à 750 fr.	12,000 fr.
à déduire 1/3 pour frais	4,000 fr.
liquidation	8,000 fr.

Récapitulation.

Inventaire | du 1ᵉʳ mode pour la sucrerie 71,471 f. 37 c. | 88,408 f. 62 c.
| id. id. cafeyère 16,937 25 |

Nègres | du 2ᵉ mode pour la sucrerie 68,060 | 83,985
| id. id. cafeyère 1⁵,925 |

Récoltes | du 3ᵉ mode pour la sucrerie 52,800 | 60,800
| id. id. cafeyère 8,000 |

OBSERVATIONS.

Le premier mode subirait une réduction pour les meubles.

Le deuxième de même pour les négresses et les domestiques.

Le troisième ne serait pas admissible dans l'intérêt du colon, il serait même lésé, car la récolte de café mentionnée dans l'inventaire est inférieure à la réalité, et la date du 23 décembre 1793 n'est pas l'époque de la perte qui a eu lieu en 1789, vers laquelle il faut se rapprocher.

L'indemnité serait bien plus en concordance avec la perte présumée en suivant le tableau d'indemnité.

La paroisse de l'Arcahaye, surtont les cantons des Vases et du Boucassin, méritent bien de figurer dans la 1ʳᵉ classe.

Quoique cette habitation manque d'un moulin à eau, on ne peut rien refuser à la fécondité de son sol, qui est arrosé.

On doit supposer que pour exploiter 52 carreaux en cannes et en café, estimés dans des tems malheureux à un très-haut prix, il fallait en outre 26 carreaux au moins pour les vivres et jardins des nègres. Il est même probable qu'elle en avait davantage, car l'inventaire a omis 120 carreaux et a désigné sous le nom de savannnes ce qui était en vivres. On pourrait donc accorder à cette succession, pour

278 carreaux | 52 carreaux à 1400 fr. .... 72,800 fr.
portés dans | 26 id. 5,200
l'inventaire. | 200 id. 100 20,000

Total de l'indemnité.................... 98,000 fr.

I

En opérant ainsi on ne peut avoir aucune crainte d'errer, puisqu'on aurait pour boussole la masse de la valeur de la colonie réduite au 10e, et le colon serait certain de n'être pas lésé puisqu'il serait indemnisé suivant les localités.

Un Colon.

IMPRIMERIE DE GOETSCHY, RUE LOUIS-LE-GRAND, N° 27.